채운재 시선 58

金 進 中 第6民調詩集

虛辭眞言 (빈소리 참말씀)

한기 10952

한웅기 5913

단기 4348

공기 2566

불기 2559

서기 2015

도서출판 채운재

金進中 第6民調詩集

虛辭眞言

초판 1쇄 _ 2015년 4월 25일
초판 발행 _ 2015년 4월 30일

지은이 _ 金進中
펴낸이 _ 양상구
펴낸곳 _ 도서출판 채운재
주소 _ 100-861 서울시 중구 충무로2가 49-8(서울빌딩 202호)
전화 _ 02-704-3301
팩스 _ 02-2268-3910
이메일 _ ysg8527@naver.com

ISBN 978-89-93829-86-0
값 10,000원

虛辭眞言

빈소리 춤말씀

金 進 中 第6民調詩集

시인의 말

'虛辭眞言-빈소리 촘말씀'
발간에 부쳐

살다가보니 回甲이 되었습니다.
그동안 입과 몸과 뜻으로 지은 三業 중에서도

제가 지은 口業에 대한
贖良의 意味로
이 蘭香을 바칩니다.

乙未靑羊 4月
天河愛舍廊에서
金 進 中 삼가

시인의 말

차 례 ———— 金 進 中 第6民調詩集 虛辭眞言(빈소리 춤말씀)

金 進 中 第6民調詩集 —————————— 차 례
虛辭眞言(빈소리 참말씀)

제2부

차　　례 ───────── 金 進 中 第6民調詩集
虛辭眞言(빈소리 참말씀)

제3부

제4부

차 례 —————— 金 進 中 第6民調詩集
虛辭眞言(빈소리 춤말씀)

제5부

金 進 中 第6民調詩集 ——————— 차　례
虛辭眞言(빈소리 춤말씀)

제6부

제1부

虛辭眞言·1 –속곳단추
虛辭眞言·2 –점입가경
虛辭眞言·3 –돗길·갯길
虛辭眞言·4 –손톱여물
虛辭眞言·5 –피장 파장
虛辭眞言·6 –不問可知
虛辭眞言·7 –夢中問答
虛辭眞言·8 –삶은 감자
虛辭眞言·9 –七旬對話
虛辭眞言·10 –쌍방 관계
虛辭眞言·11 –자고가는
虛辭眞言·12 –燒身供養
虛辭眞言·13 –뉘집 子婦
虛辭眞言·14 –닷되 닷되
虛辭眞言·15 –삿갓 3행

虛辭眞言·1
-속곳단추

술막지
쪼던 촌닭
관청닭 눈깔
다들 빼먹고요.

촌년이
바람나면
무명속곳에
쌍단추 단대요.

〈2011. 8. 16.〉

虛辭眞言·2
-점입가경

그화상
시거들랑
떫지나 말고,

얽었거덜랑
검지나 말지, 참!

〈2011. 8. 17.〉

虛辭眞言·3
-돗길·갯길

여인네 되잖은 게
탈만 많고,

끓인 음식
되잖은 것이 뜨겁기만 하대.

〈2011. 8. 17.〉

虛辭眞言·4
-손톱여물

고퐁신
바질키론
손톱으로도 여물을 써는
앞산밑 곤짠지.

〈2011. 8. 17.〉

虛辭眞言·5
-피장 파장

열 계집 마다할
사내 없듯,

열 사내 마달
계집도 없느니.

〈2011. 8. 17.〉

虛辭眞言 · 6
-不問可知

노처녀
시집가니,
아랫살꽃문
성할 날 있으랴.

〈2011. 8. 17.〉

虛辭眞言·7
-夢中問答

아지매
행복 복권 한 장 주이소,
떨어졌니더,
행복 다 됐구만.

여게요,
인공눈물 좀 주이소,
떨어졌니더,
인생 다 됐구만.

〈2011. 8. 27. 06:00.〉

虛辭眞言 · 8
−삶은 감자

땀으로
찍어먹는
삶은
감자다,
설익은 감자다.

눈물로
간맞추는
삶은
감자다,
뜨거운 감자다.

〈2011. 9. 7. '서울 문단' 창간호. 2012.〉

虛辭眞言·9
−七旬對話

요즈음 아가씨들
쭉쭉빵빵 잘도 빠져
아랫도리사 벗고댕기두만.

우리사 클 때야
고무줄 빤추입고
9인조식 배구할 땐데
무시다린동 고무다린동
그땐 모를 때제?

우리가 지금 이래
눈요기라도 할 수 있는 게
그저 고맙제?
그땐 몰랐지만.

'우리를 슬프게 하는 것들'
그것 쓴 이가
안톤 슈낙 맞제?
최정자 아이제?

〈소문난 집에서〉

虛辭眞言·10
–쌍방 관계

사람과
사람사이
관계 아닌 것
하나도 없나니.

만남은
필연이다,
모두 우연을
가장했더라도.

虛辭眞言·11
–자고가는

내 사랑 운명이면
내림굿같은
내 고독은 숙명.

〈2011.〉

虛辭眞言·12
−燒身供養

촛불은
제 스스로
울면서 탄다,
춤추면서 운다.

〈2011.〉

虛辭眞言·13
-뉘집 子婦

사정이
많다보면
한 동리에도
시아비가 아홉.

虛辭眞言·14
-닷되 닷되

저물녘,
'아씨 마님 놉꾼들 밥쌀 얼마나 할까요?'

그마침
안방에선 젊은 서방과
방사가 한창 중.

그마님
넋이 빠져
'닷되 닷되 다닷되 닷되'
간신히 말했네.

나중에 밥을 보니,
두 말 닷되 분,
할말 잃은 마님.

5·5는 25,
계산은 맞는데?

〈'破睡錄'을 읽다가〉

虛辭眞言·15
–삿갓 3行

김 : 김병연 안동 김씨, 호는 난고, 별호 삿갓,
삿 : 삿갓만 쓰고, 삿갓쓰고도,
갓 : 갓쓴 양반들 조롱하던 詩仙.

〈2011.10. 2.
제14회 영월 김삿갓문화제 참가 중.〉

제2부

虛辭眞言·16 -追越 不能
虛辭眞言·17 -試行錯誤
虛辭眞言·18 -명예 교수
虛辭眞言·19 -빈말로야
虛辭眞言·20 -술과 여자
虛辭眞言·21 -어떤 여인
虛辭眞言·22 -六體投地
虛辭眞言·23 -버려야만
虛辭眞言·24 -허드랫말
虛辭眞言·25 -閨房 夜話
虛辭眞言·26 -불화살표
虛辭眞言·27 -달변 눌변
虛辭眞言·28 -맹물사랑
虛辭眞言·29 -換腸 幻聽
虛辭眞言·30 -동태눈깔

虛辭眞言·16
-追越 不能

오르막 비탈길
사과 세 알 데굴데굴 굴러가는데
할머니보다 속도가 더 빨라.

한참을 좇아가다 혼자 하는 말,
에고 2천 원
떡 사먹었네, 참.

〈2011. 추석무렵. 삼선동에서.〉

虛辭眞言·17
-試行錯誤

인간이 재갈을 말에게 물리잖고
여자에게 물렸다면
인류 역사는 좀 달라졌겠지.

虛辭眞言 · 18
-명예 교수

홍선비,
딴놈들이 점찍어놓은 여자 있으면
내가 먼저 먹자.

죽음은
하루하루 다가오는데
남은 일이야
오로지 사랑뿐.

虛辭眞言·19
-빈말로야

말로야
우리 다시 만나자며 웃음짓지만
언제라 만나랴.

꽃이야
단풍이야
내년에도 곱겠지만
어찌할까나,
이목숨줄이야.

동해가 깊다한들
이시름보다 더 깊을소냐,
4철 꽃금강 곱다고한들
평생 그리던 꿈속 얼굴이야.

말로야
우리 다시 만나자지만
이게 사람이 할 짓이더냐,
또 바람 분다야,
갈바람 분다야.

〈2003. 9. 제9차 남북 이산 가족 상봉.〉

虛辭眞言·20
-술과 여자

난 술만 마시면 여자가 생각나
안먹고싶다는 노총각 尹 시인,
또 술을 마시면 삭신이 빠개지게
불구덩이 사랑놀이를 해보고싶단 군출신 呂
시인,
솔직히 여자 생각 나나 안나나 술을 마시는 난.
마시나 안마시나 여자 생각을 하면서 사는데.
그 자리 함께 있던 S 여인은
아무말없이 웃고만 있었다.

〈1999.〉

虛辭眞言·21
-어떤 여인

저는요,
결혼에 눈이 멀어
지금 새끼 둘 낳고살지만
참 걱정이네요.

만약에 앞으로요,
더 좋은 사람 만나게 되면
우얄꼬 싶어
늘 가슴 조려요.

〈1999〉

虛辭眞言·22
-六體投地

왕파리 한 마리가 식탁에 내려 6체 투지한다.
여섯 개 다리펴고 엎드리더니, 싹싹 빌어댄다.
속죄를 할 양이면 내가 엎드려 해야 될 터인데.
제잘못 제가 모두 안다는 듯이 사람보다 낫다.
〈2012. 5. 10.〉

虛辭眞言·23
–버려야만

버려야 보이나니,
길을 버릴 때 길이 보이듯이.

신이랴,
대자유랴,
참사랑이랴,

비운 만큼만 채울 수 있느니.

〈2001.〉

虛辭眞言·24
-허드랫말

진실로 아내에게 사랑받으며
시맹그는 인 참말 행복하다.

참으로 남편에게 존경받으며
글짓는 이는 또한 행복하다.

시 한 톨 글 한 줄이
반지르레 윤기가 도는
쌀톨되는 세상.

희미한 달밤에도
반짝 빛나는
沙金되는 세상.

진실로 눈물겨운 그런 세상을
생각만해도 환장하도록
나는 행복하다.

〈2001. 4. 9.〉

虛辭眞言·25
-閨房 夜話

저리도 남 이상 배우고 똑똑해서
비길 데없이 잘 났지만도
耳順의 속내 다 읊조려댄다.

들어줄 벗이 없어
불러들일 동무가 없어
홀로 술잔과 담배연기를 벗한다하니,

정치라거니, 문학이거니,
돌아볼수록
한 잔 술만 못해.

〈'三鷩苑'에서〉

虛辭眞言·26
−불화살표

사내는 활이다.
없는 듯이 가려놓은
불화살 한 대 재워놓고서
줌손,
깍지손,
온몸 휘도록
꽃과녁 찾는다,
끝없이 헤맨다.

〈2000. 12. 27.〉

虛辭眞言·27
–달변 눌변

온말을
잘 하려면 짧게 하는 것,
더 잘하려면 말을 안하는 것.

〈2001. 11 .29.〉

虛辭眞言·28
-맹물사랑

해아래 맹물같은 사랑은 없다,
뛊든지 시든지,
익든지 쉬든지.

虛辭眞言·29
-換腸 幻聽

그녀는 갈증이 난다며 술잔을 들었다,
내 귀엔 발정이 난다는 귓속말로 들려왔다.
환청이든지 환장이든지
인간사 모두 발병날 일이다.

虛辭眞言·30
-동태눈깔

우리는 죽어서도 눈감을 수 없는 데도
인간들은 우리를 보고 동태눈깔이래.

제3부

虛辭眞言·31 -谷 神
虛辭眞言·32 -종 교
虛辭眞言·33 -계 율
虛辭眞言·34 -역 사
虛辭眞言·35 -사 랑
虛辭眞言·36 -효 도
虛辭眞言·37 -재 물
虛辭眞言·38 -시 간
虛辭眞言·39 -죽 음
虛辭眞言·40 -비 밀
虛辭眞言·41 -빈 말
虛辭眞言·42 -세 기 말
虛辭眞言·43 -유 부 남
虛辭眞言·44 -배알꼴리면
虛辭眞言·45 -목사와 경찰

虛辭眞言·31
-谷 神

여자가
남자보다
종교적인 건
제 몸속 洞窟 탓.

虛辭眞言·32
-종 교

신이란
애오라지
제혼자서만
믿어야 하느니.

虛辭眞言·33
-계 율

참으로
모름지기
선한 일이란
通情하듯 해야.

虛辭眞言·34
-역 사

새끼가
새끼 낳고
또 그새끼가
또 새끼를 낳고.

虛辭眞言·35
-사 랑

버히는
양 날의 칼,

칼등에서도
같이 잘 수 있는.

虛辭眞言·36
-효 도

3동철
두 손 넣어
구들장사정
먼저 살피는 것.

虛辭眞言 · 37
-재 물

열심히
채웠으면
비워야 하는
인격의 도금질.

虛辭眞言 · 38
-시 간

갈수록
빨라지는,

브레이크나 기름없이도
잘만 달려가는.

虛辭眞言·39
-죽 음

언제나
화장없이
맨살얼굴을
내놓을 수 있는.

虛辭眞言·40
–비 밀

그말은 누설을 전재한다,
그녀 사전엔 비밀이란 없다.

虛辭眞言 · 41
–빈 말

술로서 외로움을 달랜다는 건
새하얀 거짓말.
마시면 마실수록 더욱 외로운
더 새하얀 빈말.

虛辭眞言·42
-세 기 말

神本은
진작 죽고
人本은 숨고
資本만 설치는.

虛辭眞言·43
-유부남

미더운
아내 있어
마음 푹 놓고
바람피는 족속.

虛辭眞言·44
-배알꼴리면

배알이 잘 꼴리면 용감하고
좆 잘 꼴리면 씩씩하다 할까.

虛辭眞言 · 45
-목사와 경찰

목사는 모든 이를 죄인으로 보겠지만
경찰들은 목사까지도 죄인으로 본다.

〈2011. 3. 11.〉

제4부

虛辭眞言·46 -아 직 도
虛辭眞言·47 -광 우 병
虛辭眞言·48 -길 갓 집
虛辭眞言·49 -민 들 레
虛辭眞言·50 -무 지 개
虛辭眞言·51 -夢 中 夢
虛辭眞言·52 -오 지 독
虛辭眞言·53 -가자미눈
虛辭眞言·54 -새 소 리
虛辭眞言·55 -그려려니
虛辭眞言·56 -두레주막
虛辭眞言·57 -八法 問答
虛辭眞言·58 -물은 셀프
虛辭眞言·59 -여느 시인
虛辭眞言·60 -카드 자르기

虛辭眞言·46
-아 직 도

세상엔 '아직도'란 희망이 있다,
그런 섬이 있다.

〈2013. 3. 30.〉

虛辭眞言 · 47
-狂 牛 病

사람을 미치도록 하는 것은
소가 아니라
역시 사람이다.

虛辭眞言·48
-길 갓 집

길갓집 살다보니 귀가 숇아,
온놈이 온말
있는 말 없는 말.

虛辭眞言 · 49
-민 들 레

세상에 부질없는 인연은 없다,
홀씨 하나라도.

虛辭眞言·50
-무 지 개

울면서
똥눈 후에
하늘을 보니
무지개가 떴네.

〈2012. 4. 하이쿠를 읽고.〉

虛辭眞言·51
-夢 中 夢

잘나도
못났어도
홀로 잠들긴
자네나 나나제.

〈2012.11. 8. 3:23.〉

虛辭眞言·52
-오 지 독

세상은 커다란 오지독
하느님은 온갖 것을 버무려놓고
익기를 기다려,
맛들길 바라셔.

〈2013. 1. 24.〉

虛辭眞言·53
–가자미눈

넌 항상 옆눈으로 날 바라본다,

그러나 괜찮다,
넌 가자미니까.

虛辭眞言·54
-새 소 리

先人은
'詩三百篇 思無邪'라고,
눈비비고 보니.

창공에
흔적없는 새소리로고,
내가 쓴 3백 편.

虛辭眞言·55
-그려려니

제입속 혀라도
깨물릴 때 있는 법이고
제속에 낳은 제새끼라도
제맘대로만
안되는 세상사,

그래,
그려려니,

그려려니,
그려.

〈2005. 1. 13. 민조시 동인지.〉

虛辭眞言·56
-두레주막

여인의 손재주
양미리 여덟 마리 앞으로 뒤로 뒤집어가며 돌려굽고있다.
뱃창자 터지지도 휘지도 않게 불조절해가며.

조물주 손재주
흙으로 아담과 이브를 구울 때도 조심 또 조심 돌려 구웠겠지.
백인종 흑인종 황인종을 가려가면서 숨조절해가며.

虛辭眞言·57
-八法 問答

서울엔 용 모모
인천엔 예 모모 변호사라
성질머리 더럽기로 호가 났는데
종을 부려도 밥이나 많이 주라 했거늘
그저 욕질이라.

하루는 참다못한 운전 기사가 슬며시 물었다.
-'세상에 옛날부터 없는 법과
  못쓰는 법이 무슨 법이오?'
='그런 건 없다, '六法典書'에도.'
-'그것도 모르면서 변호사요?
  그건 바로 사람이면 그럴 수는 없는 법이 없는 법이요,'
  '사람이 그럼 못쓰는 법이 못쓰는 법이요.'

〈2003. 10. 10.〉

虛辭眞言·58
–물은 셀프

–'아가씨 커피 좀 주세요,'
='커피는 셀프예요,'
–'물이 셀프지,'
='커피도 셀프요.'

–'아가씨 참 답답해,
물은 셀프나,
커피는 커피야, 셀프가 아니야.

〈2003. 12. 25.〉

虛辭眞言·59
–여느 시인

무단히 공술먹고 취정하다가
벼루빡보고 삿대질하는 어느 술꾼이나.

꿈결에 남의 다리 제다리인 양
벅벅 긁으며 잠꼬대하는 지하길 거지나.

빗속에 염불하며 걸어가다가
헛다리짚고 깨금발뛰는 어떤 스님이나.

달보고 개짖듯이 먼산 보고도
헛소리하다 홀로 잠드는 여느 시인이나.

〈2011. 11. 8. 신새벽〉

虛辭眞言·60
-카드 자르기

날마다
간다간다,
벼르더니만
아기
셋 낳고 가?

달마다
자른다자른다고
벼르더니만
부도 나고
잘라?

〈2003. 9. 23. 민조시 동인지 2집 '十足烏'〉

제5부

虛辭眞言 · 61
-自 畵·1

해아래
다시없는
한 점
똥덩이,

三千大千界
냄새만 요란해.

〈2000. 1. 12.〉

虛辭眞言 · 62
-自 畵·2

전생에 나는 술과 무슨 원수가 졌다는 것인지.
한 생애 술에 절여 비틀거린다, 흔들리며 산다.

옛날에 울아부지 날 낳던 날이 5월도 단오절.
'고운사' 절아래로 면직원들 화전놀이 간 바로
그날인가.

평소에 잘 못하던 '안동 소주'에 취하셨던 건지,
연달래 눈매아린 꽃빛에 취해 날 맹글은 건지.

청보리 밭이랑결 일렁이듯이
흔들리면서 흔들리면서 날 키우신 건지.

〈2001. 1. 10.〉

虛辭眞言 · 63
-自 畵·3

아무리 생각해도
좋은 시인이 난 못될 것같아.
좋은 시 쓰기에는
성질바탕이 참 긍정적이야.
좋은 글 쓰기에는
인물이 너무 반듯해서일까.
더러는 남들하고
뇌하 부동도 할 줄 알아야지.
맘없는 말이라도
가끔 맞장구 칠 줄 알아야제.
제한몸 제한목숨
참말 더럽게 외롭더라고
솔직한 말도 할 줄 알아야제.

〈2001. 1.〉

虛辭眞言·64
-自 畵·4

고요한 이세상에
이 한 목숨 떨어져서
그 얼마나
세상시름 보태었던고,
호롱불 심지 돋궈 올리듯이.

내 모습
바람앞에 타버리고 말
불꽃인 것을
그림자인 것을.

타고 또 타고나면
그을음조차
쓸쓸하기만 할.

〈2004. 7.〉

虛辭眞言 · 65
-自 畵·5

불두화
꽃잎 사뤄
공양을 하랴,
청간죽 몸보시.

바람결 흐르는 뼈
솜뭉치속에
세바늘
한 점
뿐.

〈2005. 8. 19. 00:25. '주점5092'에서.〉

虛辭眞言·66
-自 畵·6

누구는 그를 보고
개같다 하고
또 어떤 이는
그를 개보다 못하다고 하네.

누구는 그를 보고
좆같다 하고
또 어떤 이는
좆도 아니라네,

그럼 나는 뭔가?
〈2006. 5. 3. 21:22. 공평동 맥도널드에서.〉

虛辭眞言·67
-自 畵·7

철없어
철모르네,
철들까 언제
철부지
아부지.

늘푸른
사철나무
4시 4철을
네 생각 하노니.

철들자
망령난대,
철철이 잊고
철모르고 살기.

〈2006. 11. 29. 03:45.〉

虛辭眞言·68
-自 畵·8

개코나
중뿔나게
잘 난 것도 내세울 것도
하나 없는데
왜 그리 잘 났노?

〈2008. 6. 26. 07:00.〉

虛辭眞言 · 69
-自 畵 · 9

이봄도
알몸으로
울며 서 있는
화안한 꽃나무.

〈2013. 4.〉

虛辭眞言·70
—똑딱불공

새주인 많은 손님
저녁밥 굶듯
첩많은 놈이
잠굶는 법이야.

아서라, 말아라,
혼자서 오부숭타,
똑딱불공이
더 재미있나니,

똑딱
똑딱
똑딱.

〈2004. 9. 24. 민조시 동인지.〉

虛辭眞言·71
—봄

해마다
오는 저년
늙지도 않네,

야시랑
야시랑.

〈2004. 4〉.

虛辭眞言·72
−썩은 양파

그사람
겉보기엔
멀쩡하두만,
속판은 곪아도.

〈2004. 8. 5.〉

虛辭眞言·73
-日日 如如

오늘도
변함없는
나의 일과다,

시와
술과
별과.

〈2005. 10. 17. 19:00. 소문난 집에서.
'자유 문학' 2008. 겨울호.〉

虛辭眞言·74
–어버이날에

꽃단 죄,
공소 소멸 시효도 없는 영원한 채무자.

보아라,
너희들도 한 아비 되고 한 어미 되리니.

〈2003. 5. 8.〉

虛辭眞言·75
–잠꼬대 詩人論

몽상한 우주를
한 알 모래 알갱이속에 집어넣으려는.

거기에 숨을 불어 싹을 틔워
새론 우주를 만들려고 하는.

그가슴 한 켠엔 봄바람
따뜻한 냇물이 흐르고
또 한 켠엔 가을빛 배인
서늘한 바람 늘 감돌고 있는.

제홀로 자화 수정 아메바같은
혹 불합리를 합리화하고
때론 합리를 불합리하게 만들기도 하는.
눈물의 무소 불위 절대군주의,

무모한 잠꼬대.

제6부

虛辭眞言·76
-'바담''바담'

두 아들 야단친 후 돌어서선 하늘바라매
속내 개여울 궁그는 물소리.
잔주름 헹궜네.

하기사 예전에도 너그 할배 친구들이
저 사람이사 환갑 전에는 인간되기가 영
글렀단 말
들어도 몰랐네, 말귀가 안트여.

참말로 일러주마, 이애비도 철들기야 아직
이르나
그래도 어야노, 애비의 '바담'風.

虛辭眞言·77
–빼덕어미 辯說

그래요, 난 알아요, 그년들보단 내가 훨씬 더
인간적이란 걸.
춘향이 고년도 알궁둥이 훌러덩 까고
앞질러갔고
어우동년도 암내란 암내, 솔솔솔 다 풍겨,
내숭 떨었잖수.
뉘 있어 이년을 조리돌림 시킬 건가요,
있는 년들이 더 밝힌다고 그년들부터
속속고쟁이 벗기고보면
스멀거리는 긴긴 밤매중 가락꼬지로
허벅지께나 찔러댔을 걸요.
어디 뭐 댕기풀고 만난 땡감도 아닌 형편이죠.
내 비록 박색 후취 상것이라도 뒷등 따습고
똥배도 나와 방귀께나 뀌요.
그까짓 순정이야 밑씻개로나 無時春情에
오줌소태입죠.

열 계집 마다할 사내 없듯 내 집 음식
부실하면 이웃형편 궁금한 판에
까짓 우는 애 빈젖 물리듯 하도 보채싸
육보시 몇 번 했기로서니,
頭武津 앞 海 뱃길이 닳았수. 서해라 용왕님

전 꿈자리라도 사납다던가요?
이왕에 말이 나서 말입지요만 내 몸에 딸린
내 물건이야 내 알아 쓸 게지.
밤이나 낮이나
물길 천 리 멀리 계옵신 강화 도수님
허락이라도 받아야 됩니까.
아니면 씻고닦고 내 이물건 총 관리를
나랏님 이하 조정 대신들 직접 한답디까?

〈한단시·6집〉

虛辭眞言·78
-糟糠之妾

전 이제 당신한테 신물이 나요
절대 더 이상 속지않을래요.
미친년 헌 속곳 자랑하듯
걸핏하면 조자룡이 헌칼 써대듯
그입에 발린 사랑타령엔 속지않을래요.

이몸도 壻東婦西 가약 맺어
현모 양처 속다짐했던 조강지 처라오.
그놈의 법도만 없었단들
이년도 벌써 옛고려 적에 보따릴 싸고 남았을
거여요.

지는 해 하세월
후실 아닌 후실 신세로 살아야 하남요.
그래도 정붙여 살섞고
올망졸망 새끼낳고 사노라면
임자마음 돌아올까 기다린 지가 몇몇
해던가요.

아직도 당신은 고년을 못 잊어
흉중에 감추랴, 옆구리에 끼고살랴,
어르고안고 뒹굴어대랴,

꿈에서도 종종, 만나는가 본데.
왜 진작 말해주지 않았던가요,
마음에 미리 정해둔 년이 있었다는 걸요.
먼산만 바라봐도 고년 생각
빗소리만 들려와도 고년 생각에 날
귀찮아하는,
내 모를 줄 알고, 당신 고 심뽀사.

하기사 알맹인 남 다 주고 빈껍데기랑
살아야하는 이내몸 신세지.
무단히 남의 서방 홀려내어 반쪼가리
서방삼은
고 民調란 년 암팡진 팔자지,
끌끌 혀차기지, 문디 마주보며.

〈1998. 5. 22. 한단시·7집〉

虛辭眞言·79
-애초부터

생명은
섞음에서
썩음으로써
되돌아가는 물.

虛辭眞言·80
-因 緣 風

스치는 빈바람깃 한 올이라도
귀하게 맞으리.

세상엔 그 무엇도 인연 아닌 게
하나도 없나니.

〈2004. 2. 16. '한울 문학' 2010. 10월호.〉

虛辭眞言 · 81
-노 다 지

사람아,
그대안에
온갖 보석이
다 숨어있는데.

사람아,
그대 어찌
엉뚱한 데만
헤매고 있느냐.

〈2010. 3. 12.〉

虛辭眞言·82
-대 관 절

사람도 고단할 땐 짐승들처럼
단잠 들겠지만.
사람이 짐승보다 더 훌륭한 게
대관절 무어냐.

사람아, 억지선잠 고집 마시게,
영면도 있나니.

〈2010. 3. 16. 02:00.〉

虛辭眞言·83
−양수리 아침

양수리
두물머리
밤마다 만나
섬 하나 얻었네.

虛辭眞言·84
-뽐

자기는 스스로 뽐내지는 않는다는 걸
뽐내고 있구만.

〈2012. 7. 17.〉

虛辭眞言 · 85
–일 탈

양산도 땡볕피해 그늘아래서
가끔 쉬고싶다.

우산도 비바람갠 햇살아래서
몸말리고싶다.

〈2009. 12. 25. 오리에서.〉

醉中辭說·1
-오늘의 운세·金並總 篇

장마비 구시렁구시렁
피맛골 '소문난 집'
자기 생애 처음으로 오늘하루 다섯 년한테
모두 툇자를 맞고말았단
노 소설가를 오후 다섯 시 반에야 만났다.

제기랄, 비오는 날이면 사내들은
물에 젖은 살내음이 그리워져 발정하는
수캐처럼
온거리를 싸돌아대고 싶어지는 건데.
도대체 이땅위의 여자들이란 바람 해맑게
부는 날에만
변비 풀리는 뭔 광고처럼 날으고싶은
족속이란 걸
耳順이 지난 오늘지금에 첨으로 알았네.
그러나 비코우스,
그래 봤자 지년들은 지년들대로 외로울 테고.
내야 내 대로 외로우면 되지.

그래도 과거 내가 한참 뜰 때야 억수로
벌었다.
그러나 사회에 환원해 주려고 웃입으로
부어라마셔 조지다보니,

오늘 술값은 니가 내라마는.
나도 참 노류 장화 40년이사 족히 넘었니라.
그런데 문제는 그년들이 내하고 같이 잤다는
데도
나는 기억이 도통없는 게라.
야야 거 徐 여사 전화 온다,
나 찾으면 없다고 그래,
오늘 왜 이리 난 재수가 없노.
집에서 나올 때 신문마다 오늘 운세가 다
다르길래
그중에서도 제일 좋은 걸 믿고 나왔는데.

〈1999. 6. 24.〉

醉中辭說·2
–'三鷺苑'·吳仁文 篇

천 국장·주 기자·안 선생·노 시인·구 총장·
전 교수·남 원장
모두가 한 때는 잘 나가던 분네들이 피맛골에
돌아들어
궁뎅이살 비비적이며 갑론에 을박, 시정
잡배로 거리낌없이
시간 여행을 시작하는 저녁.
오방덕 교수 왈,
나는 내 소개를 절대로 스스로는 하지않는
사람이니
딴 데 가서 알아보시고 오시라니까요.
내 노래 한 곡 할게,
앉으나 서나 쓰는 생가악
앉으나 서나 문학 생가악,
아동 문학은 역시 주정도 아동 틱한 기라.
어쨌든 소설가는 여류만 보면 그저 소실로
데뷔시키려 달려들이대고.
그리고 수필가는 수상스러운 구석이 많은데.
그중에 제일로 시시한 부류가 시쓴다는
나부랭이들, 시인이더라고.
때론 좀 야시시한 '삼경원' 주모 입담도
걸쭉해.

거의 다 전주가 과하다고 한두 번씩은 문전
축객을 당해 봤었지만.
이틀을 못 넘기고 뒷머리통 긁적이며 앉을
자리 있나 없나
먼저 빼꼼이 들여다보는 집.
네모 난 협탁이 네 개 반에 동글의자 열여섯
개가 고작이라지만.
그래도 이년 저눔 욕을 먹어도 다 그려려니
빙그레 웃으며.
눈인사 건네오는 고급 독자도 간간이 있어
내사 참 좋아라.
-어, 거기 무쇠숯불 다리미로 싸지쑤봉 다릴
적 얘긴 그만 두드라고.

〈1999. 6.〉

醉中辭說·3
-수도 경비사·朴敬用 篇

자 떴다, 보아라, 안창남의 비행기에
간다, 보아라, 엄복동이의 자전거라 했제?
내 이래 보여도 왕년에는 헌병 학교에 24
기라고.
군번도 일공구(109) 칠공팔공(7080) 수도
경비사 작전대 교육계.
이집엔 도대체 경상도 놈들 뿐 이래가주 왕왕
억시기 시끄럽단 말야.
저부산 깍쟁이 일본말 잘 해쌓고
대구 문디들 자전거 잘 탄다, 남들이 캤듯이.
그래도 경상도나 전라도나 남도보다가 북도가
훨씬 더 양반이더라.
토끼띠 기묘생에 나도 60살, 주민 등록증
안까본다고 아인 거 아이다.
내 조또 재혼할까 생각는데, 니는 마침 이혼
할라고 생각 중이라고?
나는야, 젊은 계집 델고 살아서 존경할 '敬'자
이완용 '用'자,
나라 팔아먹은, 그놈 있잖나 왜.
거 봐라, '비아그라' 털어먹고 헛용쓰는
놈들이나
돋보기 쓰고 신문쪼가리 들여다보는 맹

그놈이 그놈.
부리지 말라고, 고마 괜한 객기.
난도 맹, 한 때는 퇴계 선생, 백범 선생, 남명
조식 선생같이
선생 '字' 항렬 돌려썼으니, 그따우로 좀
고상틱하게 좀 애기해 봐라.
서영순 동갑내기, 내가 만약에
봄에 죽으면 장미 한 송이, 갈에 죽으면 국화
한 송이,
내 무덤앞에 갖다 바칠래? 안갖다 바칠래?

〈1999. 6.〉

醉中辭說·4
-몽실몽실·朴敬用 篇

내 요즘 치매기가 있어가주
시집을 한 권 받긴 했는데 잃어 버렸잖어.
그런데 시인이란 그놈들은 괜히 나를 잠 못
들게끔 만든단 말이지.
내사마 언제라도 술 한 잔 하고 여자 하나쯤
품고 누우면 그냥 잠드는데,
시는 모른다고.
그러나 사람이 살다보면 나름대로 자기의
시를 갖게 되더라고.
시가 뭐 별 건가?
우리사 천날 만날 김샜지 뭐, 내가 김샌 적
한두 번 뿐인가.
영순아 하모하모
하기사 니 옛날부터 몽실이랬제,
이보래 보래이.
우리가 사는 것도 늘 몽실몽실 그래야 될
텐데.
내사 참 개코같이 산다마는
우리 할망구 날 보고 맨날 여자를 너무
밝히지 마라, 안된다 카더라.
애인을 철저히 좋아하는 그런 놈이
제부인도 철저하게 좋아하는 법인 기라,

서로 가까이 앉아있다고 가까운 사이 아닐
수 있고
멀리 떨어져 앉아있다고 먼사이 아니래.
얼마 전 울누님이 여든여덟에 돌아가셨는데.
그날도 아침녘에 화투패를 떼 보시더니,
야야 오늘은 군불 때지 마라, 그카시고 그냥,
훌쩍 가신 게라.
나도 맹, 술집에는 좀 미안시런 이야기지만
술마시다가 그냥 횟까닥 갔뻐렀으면 하는 게
원이라.
내가 뭐 목사가, 내가 뭐 신부가.

〈1999. 6.〉

醉中辭說·5
-自明心 日

뭔 박사 뭔 교수 다 필요 없는기라,
벼루빡만 쳐다보고도
전생 어머니 몸에서 어캐 빠졌는가를 생각해
보래이.

한소식 하든지 못하든지
먹물옷값은 하매 댕겨야지.

술이야 지부지처,
지먹을 만큼 지가 따라가 먹으면 될 터,
방생 중에는 인간 방생이 단연 으뜸이라.

선방의 수좌가 오지 소지 연비를 해도
다 마음심이라, 조제부루수라.
거 봐라, 까꿍까꿍 하지마라,
오케바리 사케바리 곡차나 한 잔 하고
가시제이.

〈2003. 2. 18.〉

민조시의 미래. 우려되는 일 하나

– 金進中 제6민조시집 해설 자리를 빌려

고오노·에이지(鴻農映二)
〈문학평론가〉

나는 민조시의 미래를 민조시가 시조시인들을 흡수해온 것 같이 세계적인 규모로 존재하는 하이꾸 시인들도 흡수할 것으로 전망한다.

그런데 그러기 위해서는 해결해야 할 큰 문제점이 하나 있다. 즉 그 것은 정형시를 주장하는 민조시속에 자유시적인 요소가 내재하고 있어, 이것을 그대로 유지하느냐 아니면 정형시로서의 완성도를 높이기 위해 배제하느냐의 선택이 꼭 필요할 것으로 생각되기 때문이다. 그것은 무슨 문제인가 하면 민조시 정의를 보자.

그것은 「우리말의 소리마디를 3·4·5·6調의 정형률에 맞춰 쓴 새로운 시」(申世薰「새정형시民調詩3·4·5·6調 개척 선언문」)이다.

그 기본형은

해님도 (3)
가끔 가다 (4)

쉬고 싶은지　　(5)
그름깔고 누워　(6)

(정하선 「피로」)

위와 같이 4행이다.

물론 몇 줄로 쓰느냐에 대해서는 작가의 호흡과 중점을 둔 부분에 따라 여러가지로 변한다. 하이꾸처럼 한 줄로 써 버릴 경우도 있고 최대한으로 많은 줄로 쓸 경우도 있다.

이하 각각 예를 들면 1행으로 쓴 작품은

스쳐간 못한 사랑 익이기 위해 마음 붉게 타다 (3·4·5·6)

(申在善「노을」)

이며, 2행은

어둑한 삶과 죽음 다니는 골짝.　(3·4·5)
눈물꽃 고인 늪　　　　　　　(6)

이다. 그리고 3행은

물방아 돌아가는　(3·4)
안개속으로　　　(5)
아련한 옛시절　　(6)

(최행신「옛시절」)

이 그렇다. 4행은 기본형이며 앞에서 소개했다. 5행은

동굴속 나무통속 (3·4)
푹 삭고 나니, (5)
니맛 (2)
내맛 (2) (6)
참맛 (2)

(法眼「참맛」)

이다. 6행은

언제나 (3)
가슴 한 쪽 (4)
뻥 뚫린 구멍 (5)

신문지 (3)
한 (1) (6)
조각 (2)

(류각현「겨울지하도에서」)

이렇게 되고 7행은

눈 (1)
속 (1) (3)
의 (1)
향내음이 (4)
마냥 그윽해 (5)

봄철　　　(2)
앞지른다　(4)　]　(6)

(김돈영「설중매」)

이렇다. 행을 나누면 나눌수록 감상하는데 마음의 여유가 생긴다. 7행으로 나눈 시는 느낌이 마치 자유시 같다. 그래도 다 자수는 똑 같은 열여덟인 것이다.

모습은 달라도 총 수(18자)를 지키고 있는 한 문제는 없다.

그런데 지금의 민조(미래를 위해 정확한 날짜를 적어둔다. 즉 2014. 5. 22. 현재다)는 3·4·5·6調의 각 자수를 경우에 따라 되풀이해도 된다는 규칙(?)이 있다. 예를 들면

외롬은　　(3)
만드는 것　(4)
풀어 헹구면　(5)
천인지 나 하나　(6)
봄빛하늘 맑다　(6)

(徐鄕「天人地 나 하나」)

이 시는 6부분이 되풀이 되어 있고, 또

시집간　　(3)
나의 누나　(4)
빨간 빨래 널어 놓고　(4·4)

부모　　(2)
그리워　(3)　]　(5)

글썽글썽 눈물 (6)

대롱	(2)	
대롱	(2)	(6)
대롱	(2)	

(리명「지는 해」)

이시는 4가 두 번, 6이 한 번 되풀이 되어 있다. 이런 형태를 변형민조시(變形民調詩)라고 부르는 모양이다.

나는 이 되풀이가 가능하다라는 이야기를 申世薰창시자로부터 예전에 들었을 때 잘 이해가 가지 않았다.

"그렇구나"

이정도로 그냥 넘어 갔었다.

그런데 이번에 막상 본격적으로 민조시를 대하다 보니까 되풀이 하는 것은 長民調詩나 敍事民調詩 경우는 허락되지만 單首민조시(短民調詩) 경우는 정형시에 있어서의 반칙 행위가 아닐까라는 의문이 들었다. 축구 경기로 예를 들면 밖으로 나간 볼을 안으로 던지는 드로잉(Throwing) 때는 선수가 공을 손으로 잡아도 된다. 그런데 이 되풀이는 시합 중에 코너 안에서 선수가 공을 손으로 잡는 일을 상상하지 않을 수 없다. 또한 복싱경기에서는 1:1의 대결인데 위기에 처한 선수가 프로레슬링처럼 다른 선수에 태그하는 행위로 보이기도 한다.

열여덟자면 그 범위 안에서 승부해야 존경받지, 4자도 5자도 6자도 얼마든지 되풀이할 수 있다는 것은 정형시가 아니다. 그건 자유시나 마찬가지 아닐까? ……

하이꾸 경우 열일곱자라 그 수로는 금방 만들어지는 작품도 바닥이 나겠지, 그런 의견도 있었다고 한다. 그러나 이 17자라는 그릇은 무진장하게 작품을 생산하는 마법의 램프였다.

하이꾸는 그렇지 않아도 적은 수인데 자유하이꾸가 아니면 기어(季語)가 들어가야 한다. 그래서 쓸 수 있는 말은 더 적은 것이다.

蝶々の もの食ふ音の 静かさよ
(나비가 먹는 소리의 조용함이여. 朴素賢 역)

교시(虛子)의 하이꾸다. 하이꾸는 이렇게 필요없는 것들을 다 잘라내고 그 상징성을 획득했다. 잇사(一茶)는

山里は 汁の中迄 名月ぞ
(산마을은 국 안에까지 명월이도다. 朴素賢 역)

라고 짓는다. 그리고 바쇼(芭蕉)는

猫の戀 やむとき閨の 朧月
(고양이의 사랑이 멈출 때 안방의 으스름달. 朴素賢 역)

라고 노래한다. 이런 작품으로 훈련 받고, 자기들의 기술도 닦아온 사람들을 어떻게 설득시킬까?

나는 일부러 申世薰 선생님을 찾아가 "되풀이"라는 발상은 어디서 유래하는가 물었다. 그 분 대답은 "그것은 우리의 가요에 다 있는 것이고 내 혼자 생각으로 그렇게 하기로 한 것은 아니다"라는 것이었다.

잘 알았다.

자 그렇다면 어떤 방법이 좋을까? ……

나는 2단계로 구별하는 것이 좋다고 생각했다. 즉 첫째 단계는 18자 안으로 쓴 시, 이것은 위에 올리고 둘째 단계로는 "되풀이"를 채택한 시를 낮은 평가로 취급한다.

이렇게 차별화시키면 하이꾸 시인들도 반대 않을 것이다.

그리고 점점 민조시에 익숙하면 "되풀이"맛도 즐길 수 있게 된다고 생각한다.

그래서 먼저 單수만 150편 번역했다. 그런데 아무리 찾아봐도 창시자 申世薰 선생, 金進中 시인, 그의 형 金運中 시인들의 4행시가 없다(아주 적다).

金進中 시인의 이야기를 듣고, 그 이유를 알았다. 즉 申世薰 선생님이 처음에는 긴 민조시만 쓰시고, 초창기에 그분한테 배운 사람들도 그 분따라 긴 민조시를 쓰게 됐다는 것이다. 그것이 文德守 선생님이 "18자로 써야 하이꾸에 대항할 수 있다. 單수로 쓰시요"라는 말을 하고 나서 늦게나마 18자시를 쓰게 됐다는 설명이었다.

역시 문덕수 선생님이다!

그렇게 생각함과 동시에 이런 우여곡절이 있는 것도 나쁘지 않다는 소감을 갖게 됐다.

그래 서두를 필요는 없다. 천천히 기반을 단단히 만들면서 나아가자. 빨리 만들어 27층 건물이 무너진 나라도 있지 않았는가!

이렇게 생각하고 나는 이제야 정말로 민조시 식구가 된 기분이 들었다. 남의 일 아니게 자꾸 걱정이 되는 것이다.

金進中 시인한테도 그동안의 왠지 어색했던 관계를 깨끗이 지워버리고 싶다. 우리는 원래 싫어하는 사이는 아니었다. 처음 만

나던 날에 내가 던진 농담에 웃어주는 사람이 아니었던가? 그런 사람은 절대 나쁜 사람은 아니다.

아이참!

이 자리는 金進中 제6민조시집 해설 자리인 것이 이제야 생각이 났다.

우선 작품 하나 소개해볼까.

虛辭眞言·9
-七旬對話

요즈음 아가씨들 (3·4)
쭉쭉빵빵 잘도 빠져 (4·4)
아랫도리사 벗고댕기두만. (5·6)

우리사 클 때야 (3·3)
고무줄 빤추 입고 (3·4)
9인조식 배구할 땐데 (4·5)
무시다린동 고무다린동 (5·5)
그땐 모를 때제? (6)

우리가 지금 이래 (3·4)
눈요기라도 할 수 있는 게 (5·5)
그저 고맙제? (5)
그땐 몰랐지만. (6)

'우리를 슬프게 하는 것들' (3·3·4)
그것 쓴 이가 (5)

안톤 슈낙 맞제?　　　　(6)
최정자 아이제?　　　　(6)

이렇게 긴 시인데 3→4→5→6의 코스를 안 벗어난다. 그의 긴 敍事民調詩는 그대로 판소리 대본으로도 쓸 수 있다고 한다. 명창 목소리로 언젠가 그 구연을 보고 듣고 싶다. 그리고 어떤 작품은 육자배기로도 쓸 수 있다고 한다.

하여튼 대단한 시인이다.

일단 현대시로 써 놓은 것을 민조시로 개편했다고 한다. 꼭 긴장감이 생겨 더 좋은 시로 재생했겠다. 수필 한 편을 민조시로 개편했다고도 한다. 민조에 기울이는 정열은 어마어마하다.

그 분 앞에서는 나 같은 사람이 중간에서 괜히 끼어들어갔다가는 살아나오기 힘들다.

"예쁘게 봐 주세요"

이 말을 빨리 배운 게 잘 했다.

마자막으로 그의 單수를 하나 소개하고 마무리 말을 대신한다.

虛辭眞言·6
-不問可知

노처녀
시집가니
아래살꽃문
성할 날 있으랴.

民調詩人 金 進 中

현 | 한국민조시인협회 회장
한국현대시인협회 이사
한국자유문인협회 이사
국제펜클럽한국본부 회원
한국민조시아카데미 원장
서대문문인협회 상임이사
한국농민문학회 이사
불교문학회 부회장
계간 『자유문학』 편집위원, 반년간 『민조시학』 주간
(사)대한민국순국선열유족회·『월간 순국』 편집인
(사)3·1운동기념사업회 공동부회장
(사)의병정신선양사업회 이사
한국문인협회 제25대 민조시분과 회장(역)
자유문학회 회장(역)
각종 전국 규모 및 구청 백일장 심사위원 역임

저서 | 김진중 민조시집 「사촌시편」 월간문학 출판부(2007)
「사촌시편(재판)」 도서출판 천산(2009)
장·연작·서사민조시집 「개코나 말코나」 도서출판 천산(2009)
기행민조시집 「가시리 가시리잇고」 도서출판 천산(2012)
제4민조시집 「頌 Song of 서울」 채운재(2015)
제5민조시집 「동동 내사랑」 도서출판 고글(2015)
제6민조시집 「虛辭眞言」 채운재(2015)
번역시집 「삿갓민조시」 도서출판 고글(2015)
한단시 동인시집 「한단시·7」집까지 참여
민조시 동인시집 「天山의 꽃춤」, 「十足鳥」 외 「꽃들의 안부」
전기소설 「갑산에서 수리산까지」

수상 | 제9회 자유문학상(2009), 제1회 민조시학상(2012) 등

다음카페 | 《3456. MINJOSI》, 《jayumoonhak》 운영자

주소 | 120-080 서울특별시 서대문구 통일로 251 〈독립관〉
(사)대한민국순국선열유족회/『월간 순국』 편집실

연락처 | 010-6863-4114

E-mail | jjkpoet@daum.net